Questo libro
Appartiene a:
_ _ _ _ _ _ _ _

Clipart_Adventure

ANDIAMO !

Impara Per Passo

Ha Iniziato a Praticare

Ha Iniziato a Praticare

Impara Per Passo

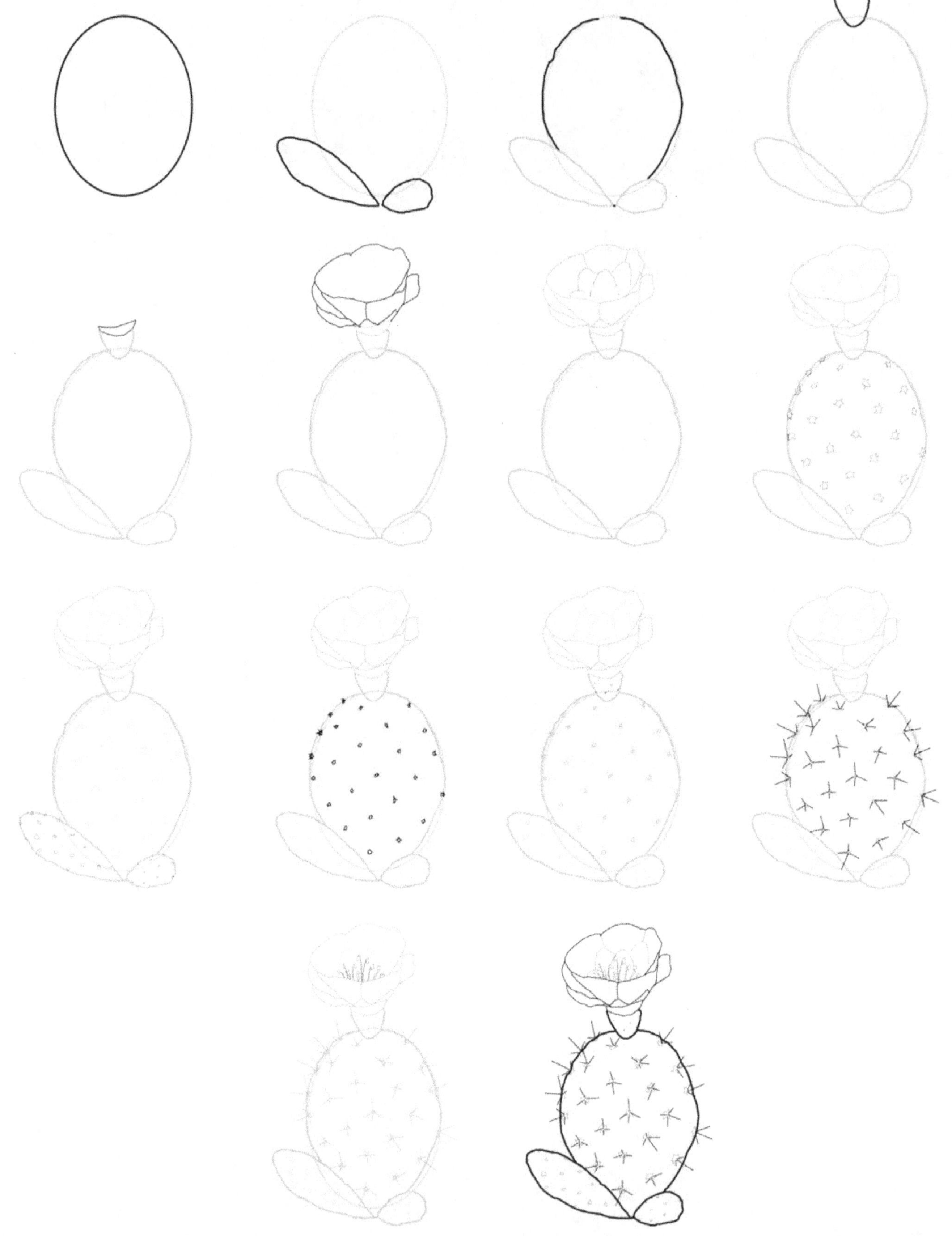

Ha Iniziato a Praticare

Impara Per Passo

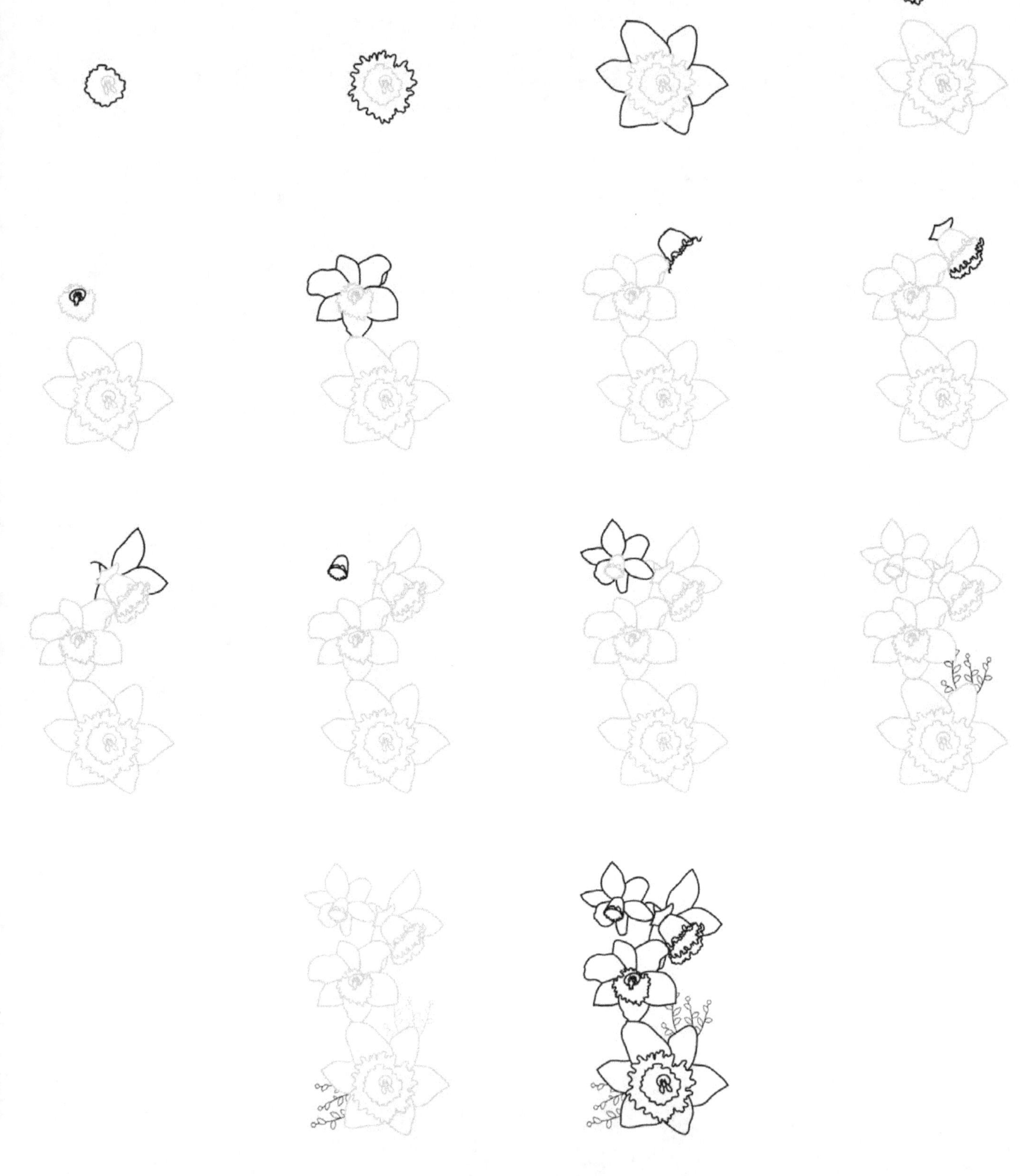

Ha Iniziato a Praticare

Ha Iniziato a Praticare

Impara Per Passo

Ha Iniziato a Praticare

Ha Iniziato a Praticare

Impara Per Passo

Ha Iniziato a Praticare

Ha Iniziato a Praticare

Impara Per Passo

Ha Iniziato a Praticare

Ha Iniziato a Praticare

Impara Per Passo

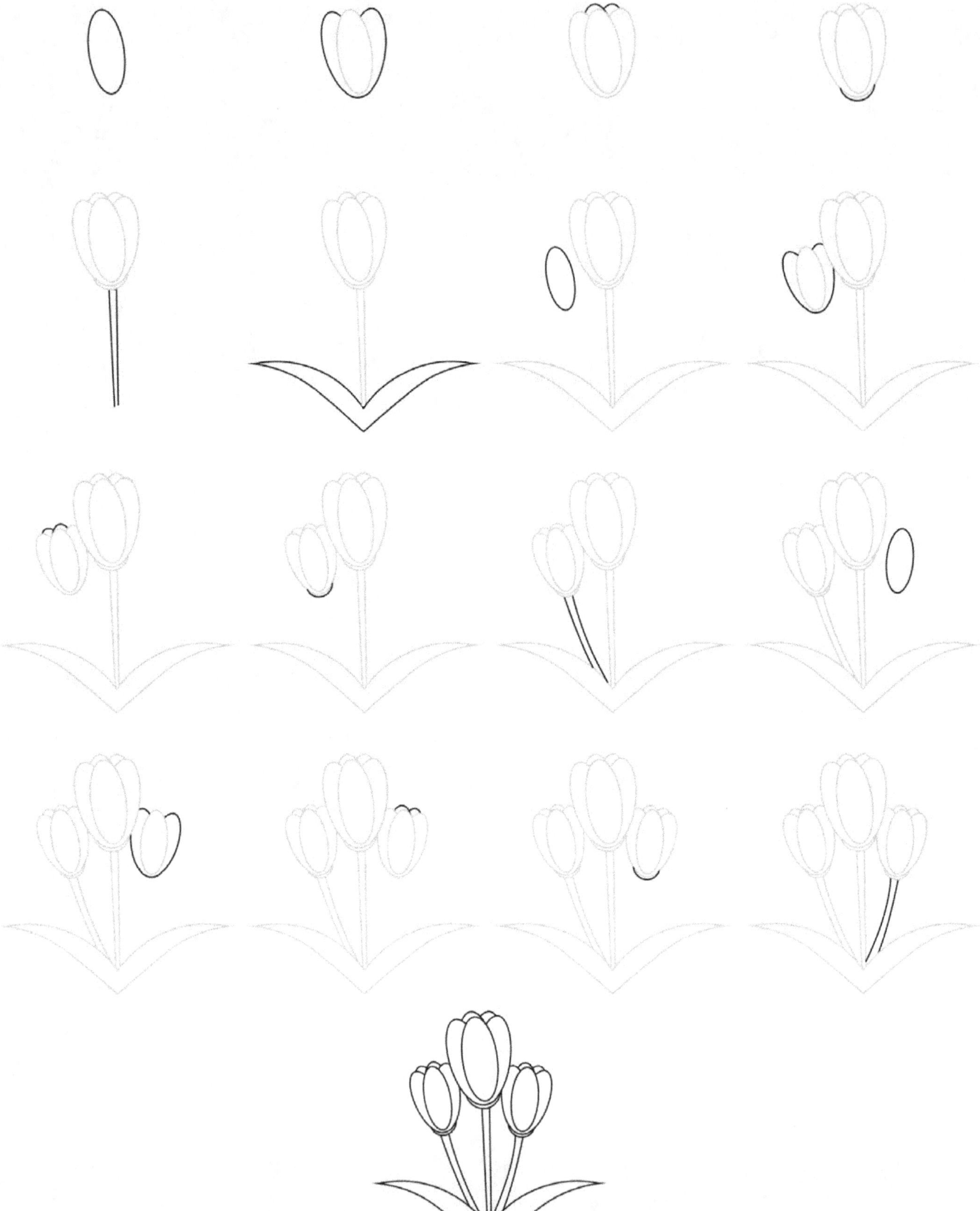

Ha Iniziato a Praticare

Ha Iniziato a Praticare

Impara Per Passo

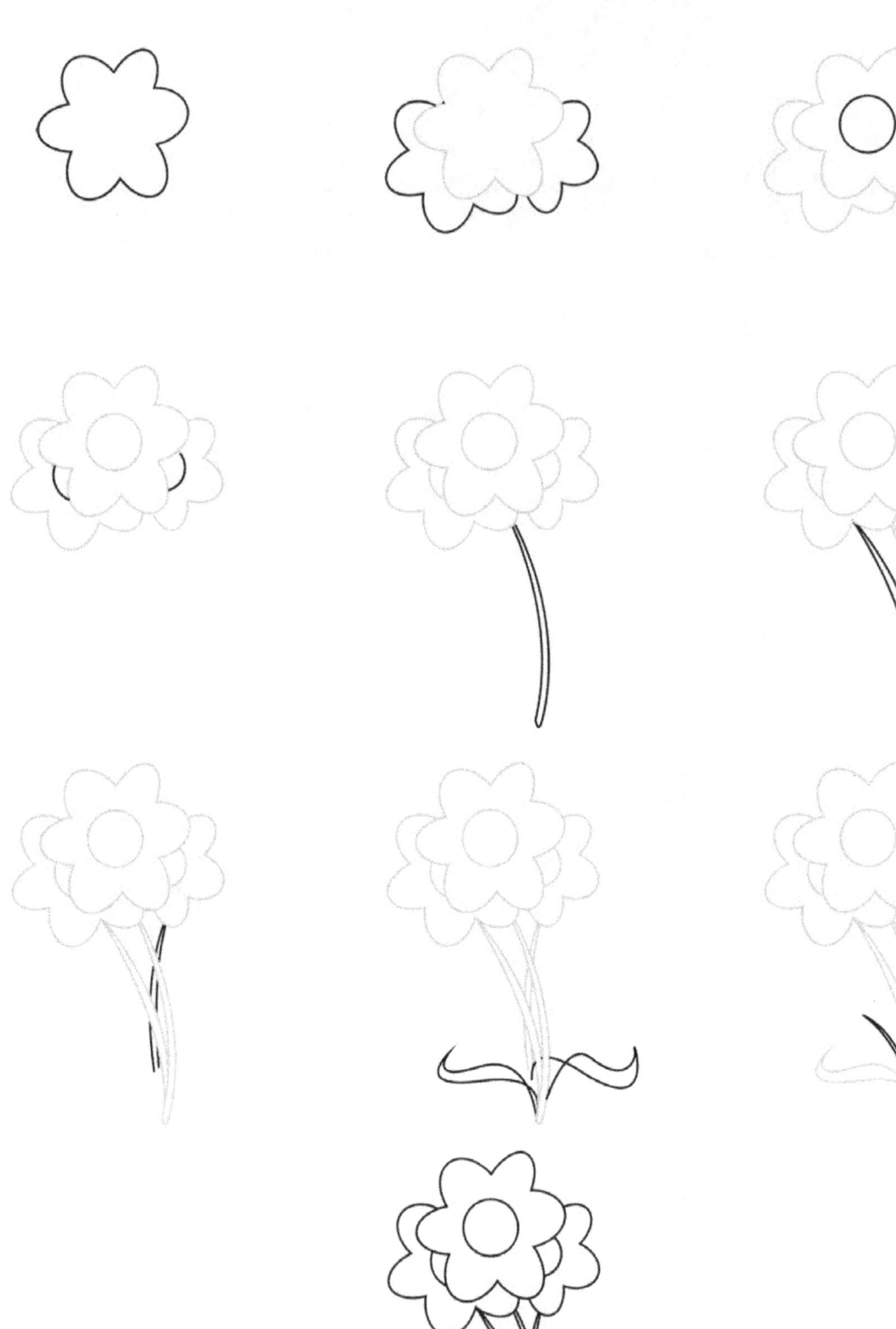

Ha Iniziato a Praticare

Impara Per Passo

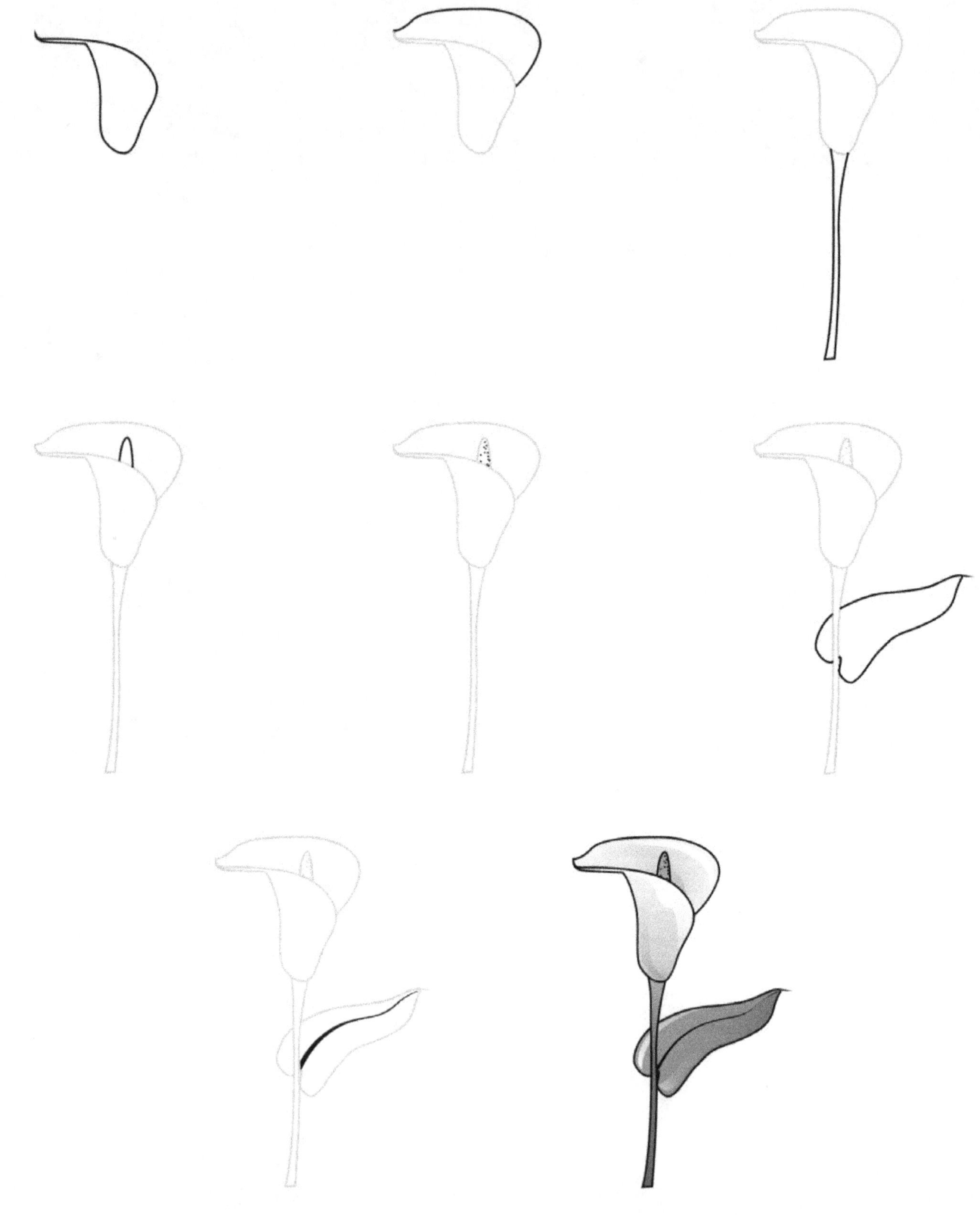

Ha Iniziato a Praticare

Impara Per Passo

Ha Iniziato a Praticare

Ha Iniziato a Praticare

Impara Per Passo

Ha Iniziato a Praticare

Impara Per Passo

Ha Iniziato a Praticare

Ha Iniziato a Praticare

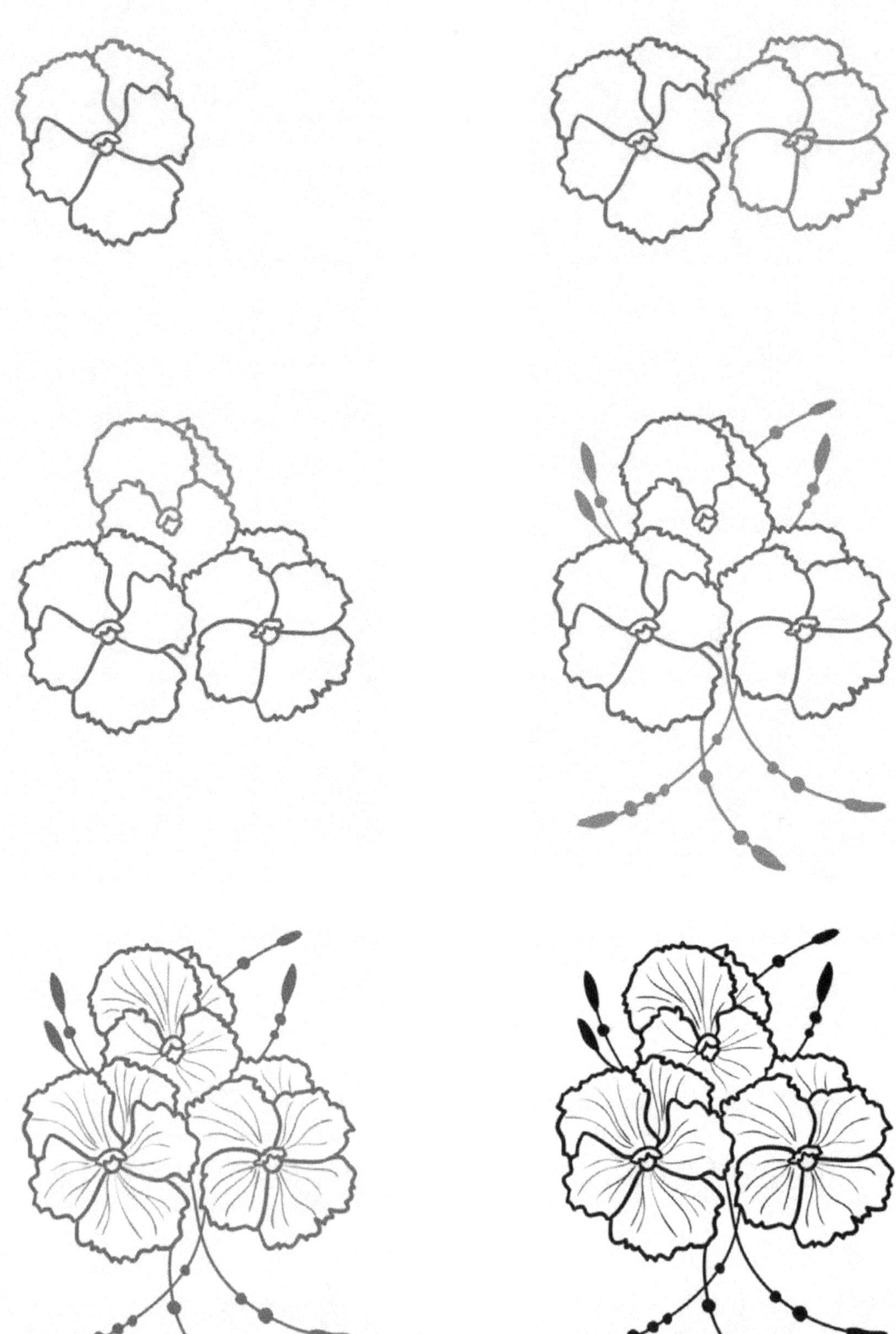

Ha Iniziato a Praticare

Impara Per Passo

Ha Iniziato a Praticare

Ha Iniziato a Praticare

Impara Per Passo

Ha Iniziato a Praticare

Ha Iniziato a Praticare

Impara Per Passo

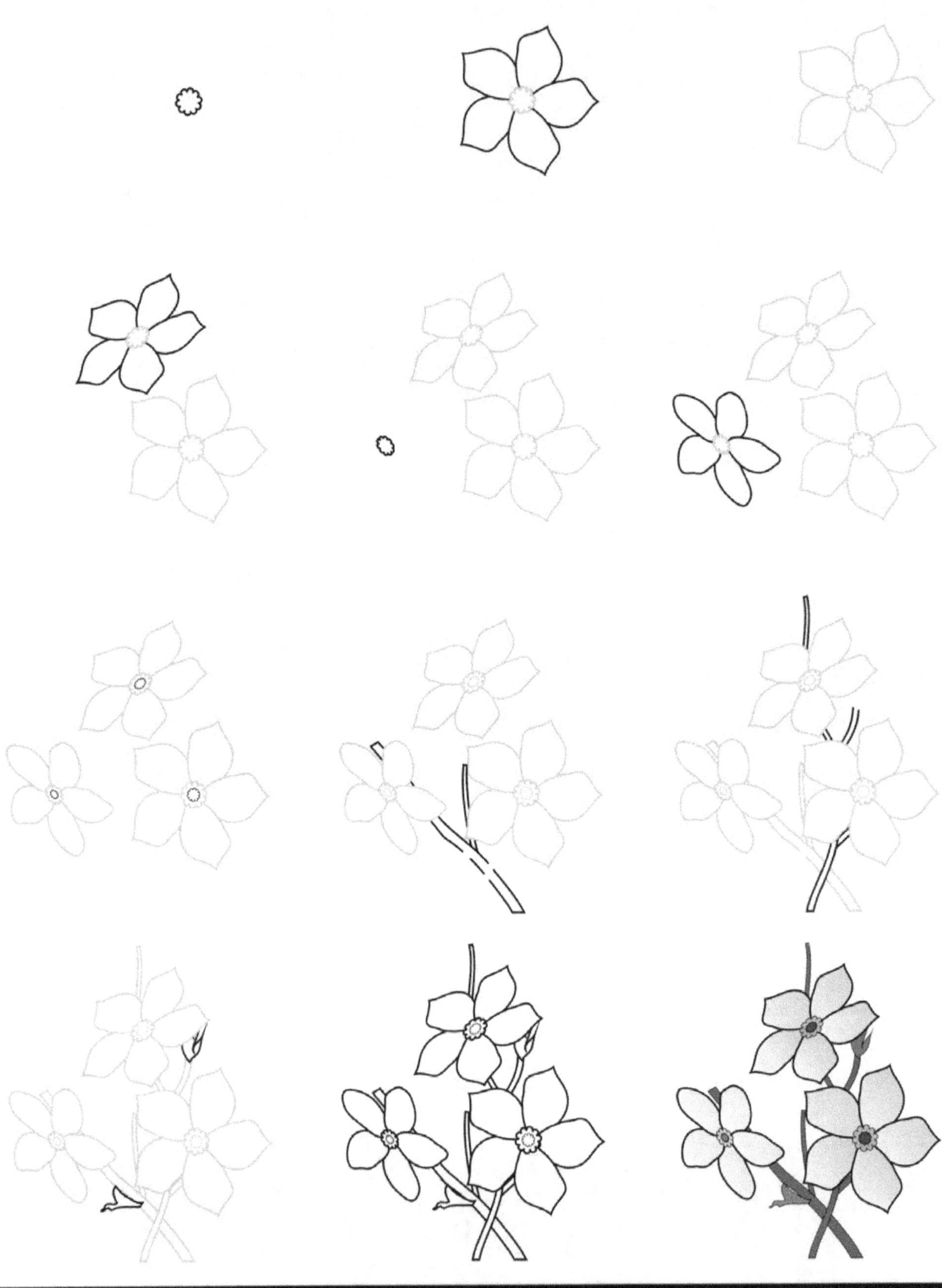

Ha Iniziato a Praticare

Ha Iniziato a Praticare

Impara Per Passo

Ha Iniziato a Praticare

Ha Iniziato a Praticare

Impara Per Passo

Ha Iniziato a Praticare

Ha Iniziato a Praticare

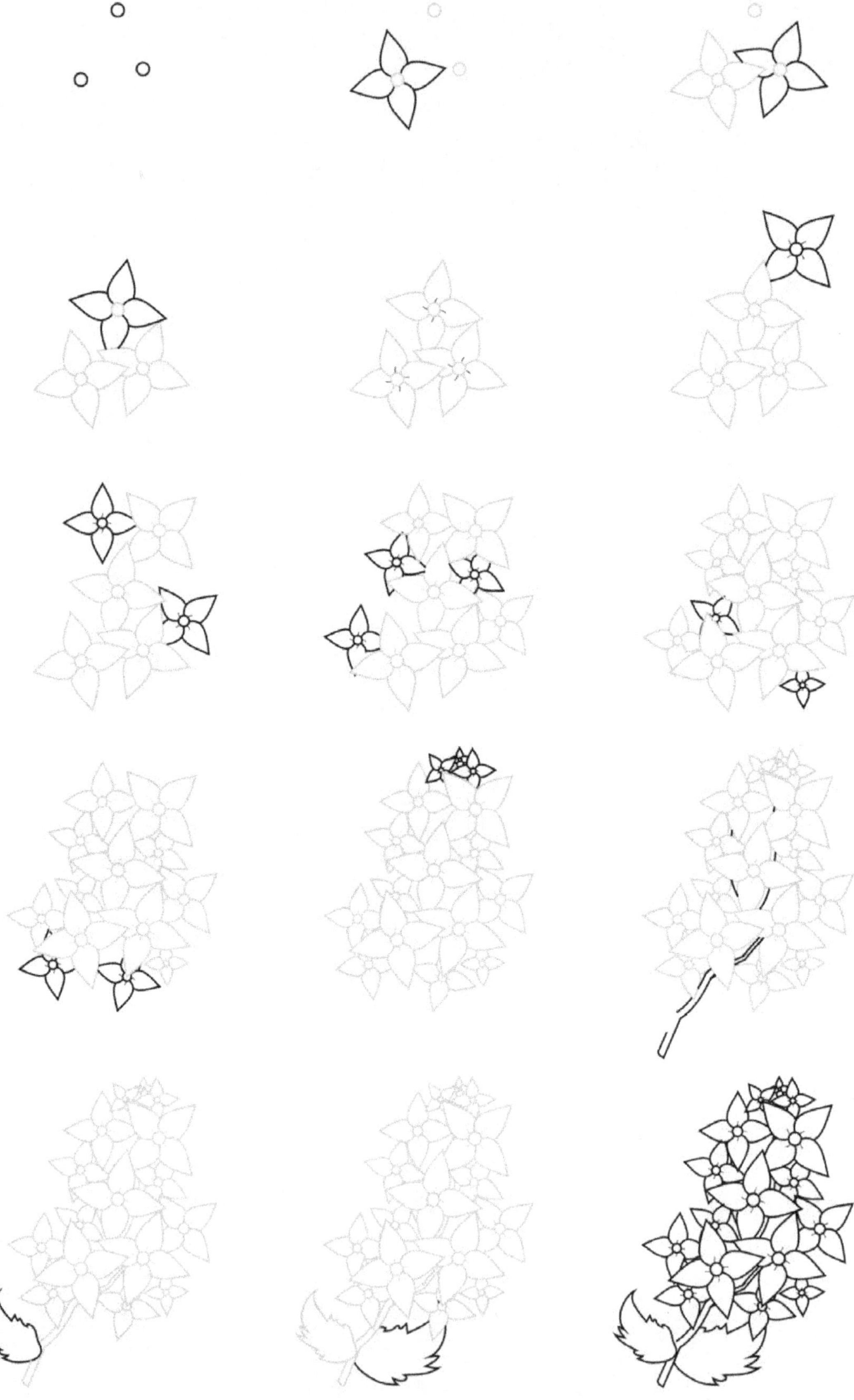

Ha Iniziato a Praticare

Impara Per Passo

Ha Iniziato a Praticare

Impara Per Passo

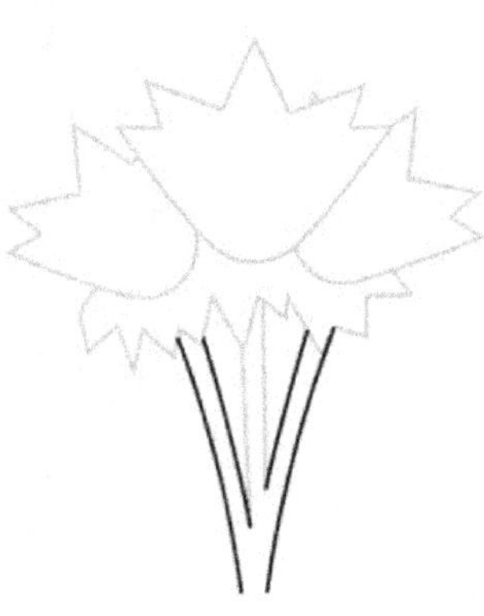

Ha Iniziato a Praticare

Ha Iniziato a Praticare

Impara Per Passo

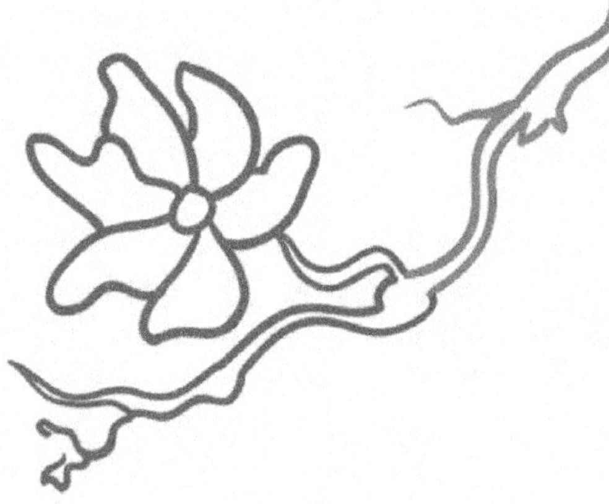

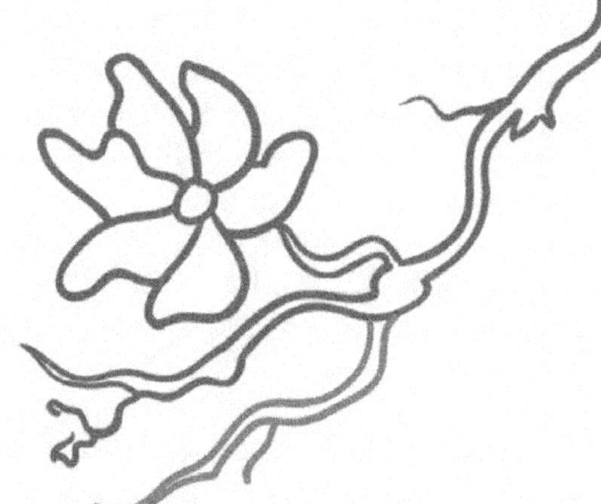

Ha Iniziato a Praticare

Ha Iniziato a Praticare

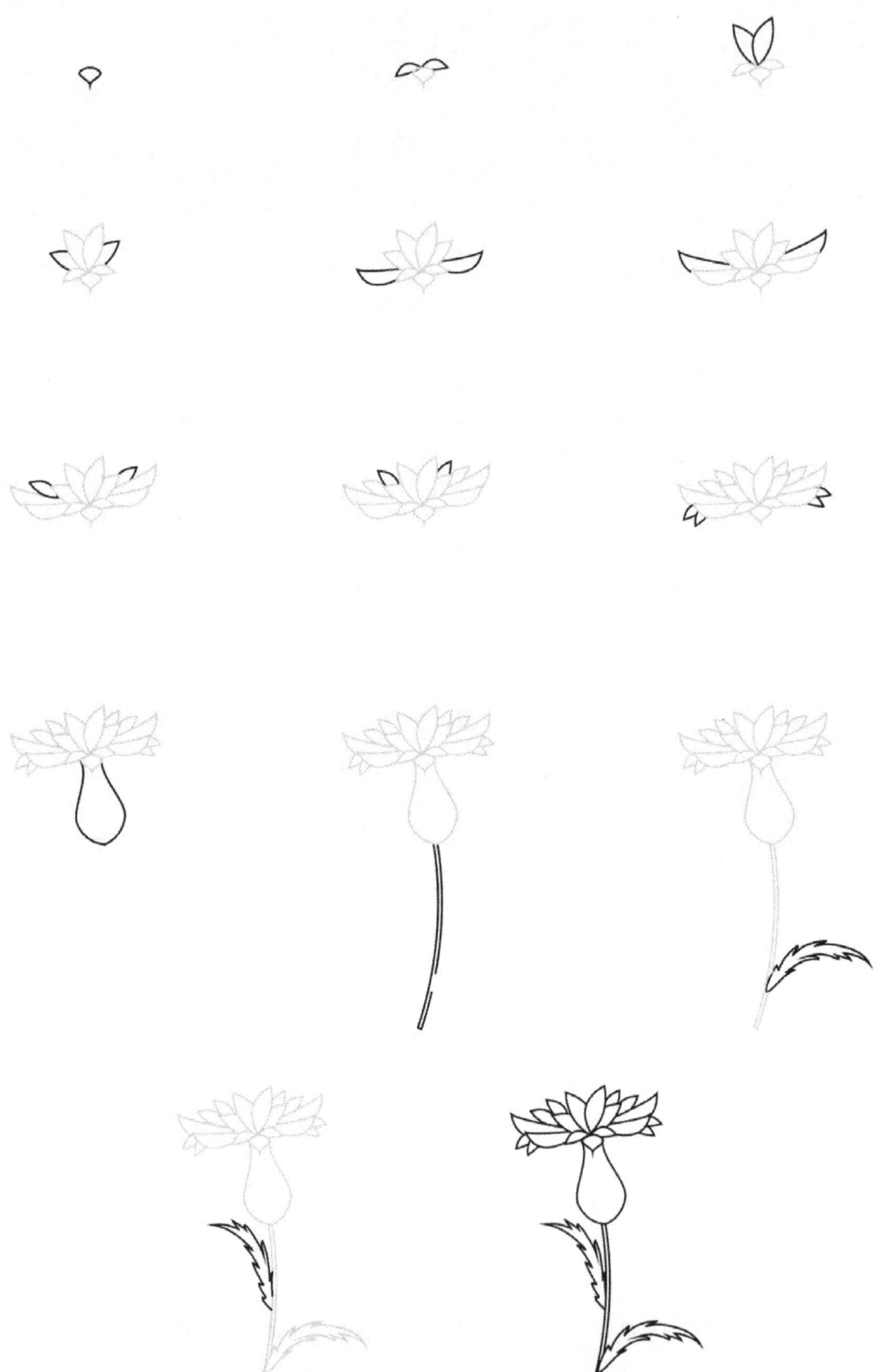

Ha Iniziato a Praticare

Impara Per Passo

Ha Iniziato a Praticare

Ha Iniziato a Praticare

Impara Per Passo

Ha Iniziato a Praticare

Ha Iniziato a Praticare

Impara Per Passo

Ha Iniziato a Praticare

Ha Iniziato a Praticare

Impara Per Passo

Ha Iniziato a Praticare

Impara Per Passo

Ha Iniziato a Praticare

Ha Iniziato a Praticare

Impara Per Passo

Ha Iniziato a Praticare

Impara Per Passo

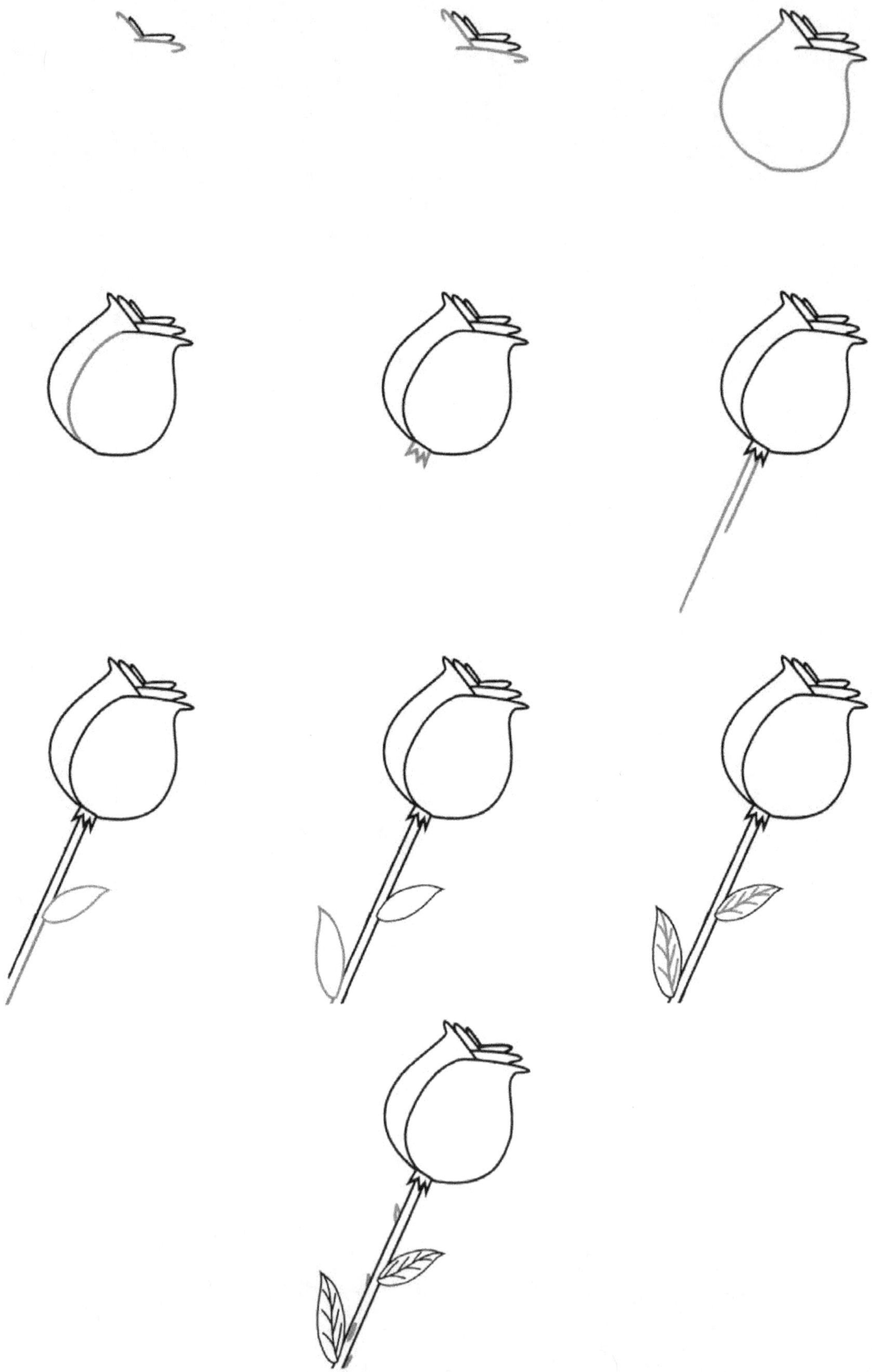

Ha Iniziato a Praticare

Ha Iniziato a Praticare

Impara Per Passo

Ha Iniziato a Praticare

Ha Iniziato a Praticare

Impara Per Passo

Ha Iniziato a Praticare

Ha Iniziato a Praticare

Ha Iniziato a Praticare

Impara Per Passo

Ha Iniziato a Praticare

Impara Per Passo

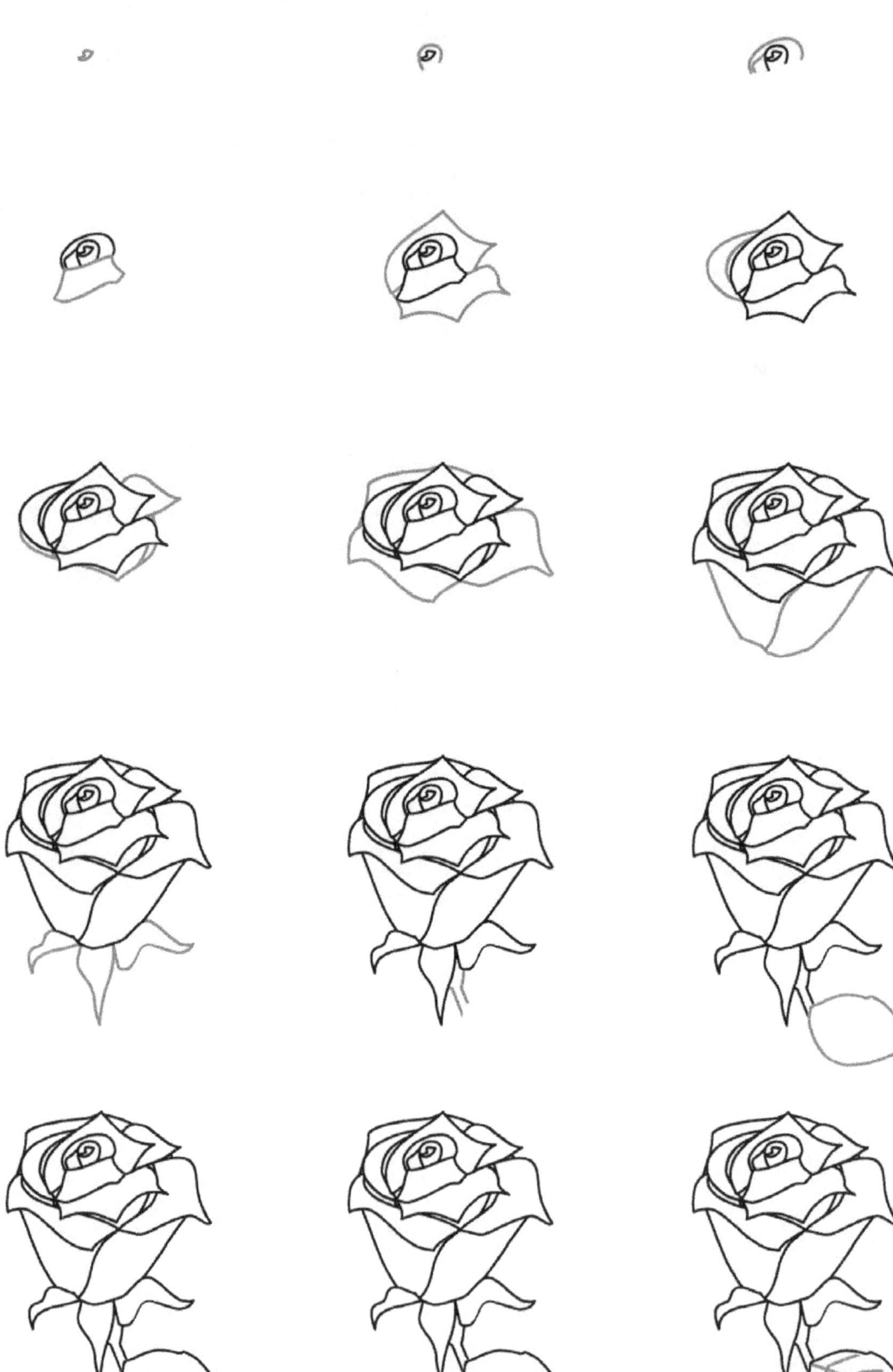

Ha Iniziato a Praticare

Impara Per Passo

Ha Iniziato a Praticare

Impara Per Passo

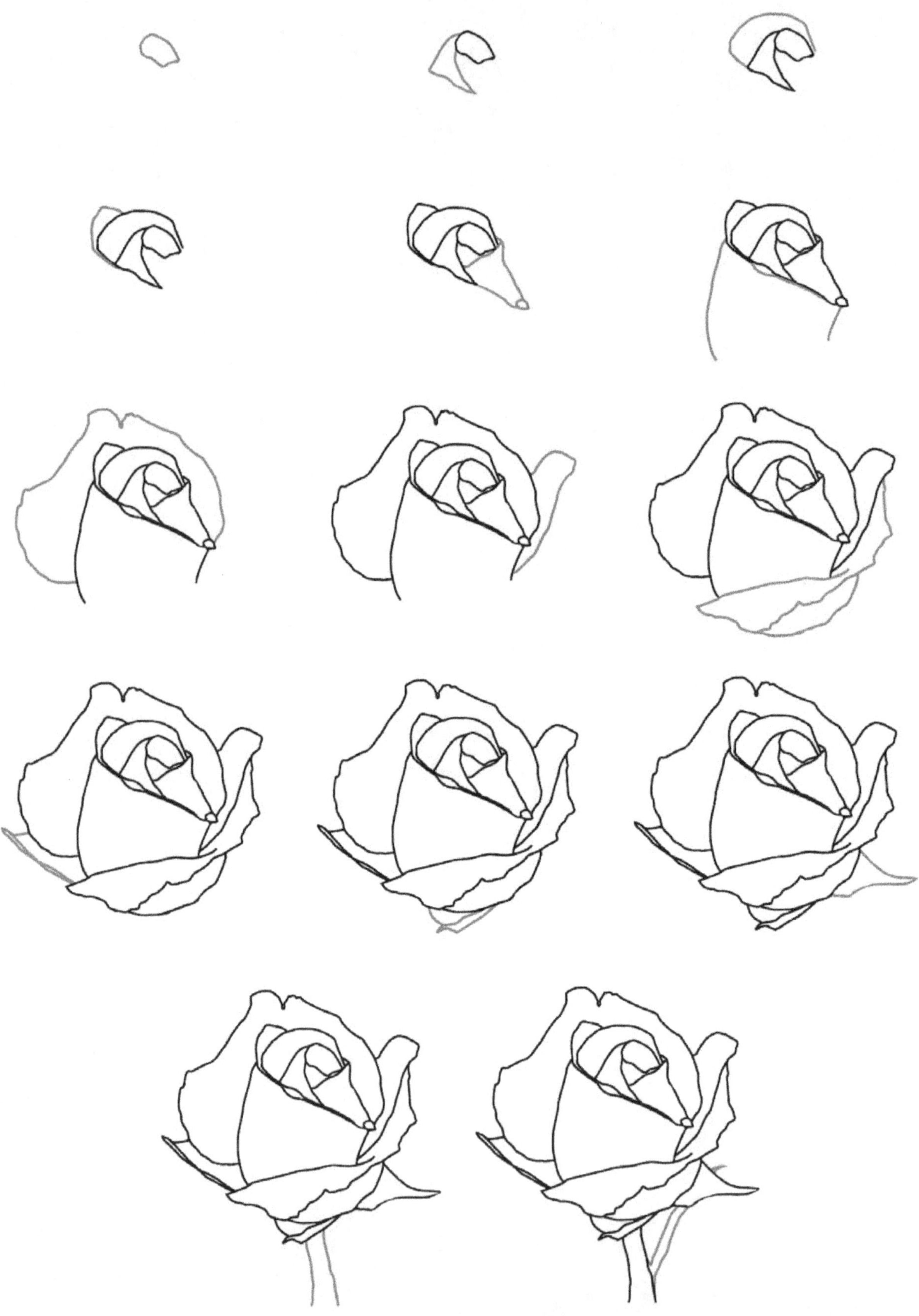

Ha Iniziato a Praticare

Ha Iniziato a Praticare

Impara Per Passo

Ha Iniziato a Praticare

Ha Iniziato a Praticare

Ha Iniziato a Praticare

Clipart_Adventure